BOURCICAULT ZENON

ou

L'HOMME SANS GÊNE

Folie-Vaudeville en un acte

PAR WILLIAM-ROBERT MARKWELL

Auteur d'Amy Robsart, Life and Adventures of Gunther, the Clock-House Farm, etc.

JOUÉE POUR LA PREMIÈRE FOIS SUR LE THÉATRE DE BORDEAUX, EN 1845.

Prix : 60 c.

PARIS

CHEZ MARTINON, LIBRAIRE

RUE DU COQ SAINT-HONORÉ, 4.

1848

BOURCICAULT ZENON
OU
L'HOMME SANS GÊNE

Folie-Vaudeville en un acte

PAR WILLIAM ROBERT MARKWELL

Auteur d'Amy Robsart, Life and Adventures of Gunther, Clock-House Farm, etc.,

JOUÉE POUR LA PREMIÈRE FOIS SUR LE THÉÂTRE DE BORDEAUX, EN 1845.

PERSONNAGES.	ACTEURS.	PERSONNAGES.	ACTEURS.
BOURCICAULT ZENON.	MM. BRITTON.	LÉONIE } amies de	Mmes ALINE.
DETHIER,	AMBOISE.	CATHERINE } Joséphine.	AUGUSTINE.
JOSÉPHINE VALCOURT, sa nièce	Mme PAULINE.	ARTHUR DE SMITH, portier.	M. VERNER.

Locataires de la maison, etc.

La scène se passe à Paris.

SCÈNE I.

(Le Théâtre représente une salle à manger bourgeoisement meublée : porte d'entrée, portes latérales. A gauche est un paravent ; à droite et sur le devant de la scène une table à ouvrage. Du même côté, et près le mur, un buffet en noyer. Tables, chaises, etc.)

DETHIER, JOSÉPHINE VALCOURT (*elle travaille près de la table*).

DETHIER. — Fifine, ma petite nièce, viens mettre la cravate à ton petit oncle chéri.

JOSÉPHINE VALCOURT (*avec humeur*). — Eh bien, c'est ennuyeux ! Il faut toujours que je me dérange de mon ouvrage. Que n'appelez-vous mademoiselle Léonie, ou mademoiselle Catherine ?

DETHIER (*à part*). — Se douterait-elle de quelque chose ? Oh ! c'est impossible. Je prends trop bien mes précautions. (*Tenant les bouts de sa cravate de chaque main.*) Ma jolie petite Fifine, je t'en prie.

JOSÉPHINE VALCOURT. — Je ne veux pas qu'on m'appelle Fifine : ce n'est pas mon nom.

DETHIER. — Eh bien, ma petite Joséphine, veux-tu.....

SCÈNE II.

DETHIER, JOSÉPHINE VALCOURT, CATHERINE.

CATHERINE (*en entrant*). Bonjour Fifine. (*Joséphine fait la moue.*) Vous vous en allez déjà, monsieur Dethier (*avec amabilité*)? voulez-vous que je vous mette votre cravate?

JOSÉPHINE VALCOURT. — Quand je vous le disais !

DETHIER. — Eh bien, après? Elle est plus complaisante que toi : voilà tout (*prenant la main de Catherine et soupirant*). Elle comprend bien la destinée de son sexe, elle !

AIR : *Ne vivre qu'avec ses pinceaux.*

Quand, par son pouvoir créateur,
D'une côte d'Adam l'bon Dieu fit Ève,
Ce fut un ange protecteur,
Pour faire de sa vie un beau rêve.

JOSÉPHINE VALCOURT. — Dans tout cela je ne vois pas
Pourquoi votre courroux éclate;
Car Ève à coup sûr n'lui mit pas
En aucune façon sa cravate. } bis.

DETHIER. — Mais, c'est égal, tu as beau dire, s'il en avait eu une, Ève ne l'eût pas refusé (*regardant à sa montre*). Sept heures et demie; il faut que je retourne à ma niche! c'est-à-dire à mon bureau. Ah! j'ai oublié de prendre mon mouchoir de poche. Fifine, as-tu vu mon mouchoir de poche?

JOSÉPHINE VALCOURT. — Est-ce que je sais?

CATHERINE (*le lui présentant*). — Tenez, le voilà.

DETHIER. — Je vous remercie (*se fouillant*). Ah! qu'est-ce que j'ai donc fait de ma tabatière?

CATHERINE (*souriant*). — La voici, monsieur Dethier. Vous êtes bien distrait.

DETHIER. — Mon Dieu, oui; j'ai tant de choses dans la tête..... (*Il s'approche de sa nièce*). Tiens, qu'est-ce que tu fais là?

JOSÉPHINE VALCOURT. — C'est un bonnet.

DETHIER. — Grec?

JOSÉPHINE VALCOURT. — Mais non; voyons, allez-vous-en donc! Vous flânez toujours; vous ne serez jamais arrivé !

DETHIER. — Est-ce que vous attendez quelqu'un, que tu me presses si fort?

JOSÉPHINE VALCOURT. — Ce n'est pas cela. Mais vous lambinez, lambinez, que c'est à faire honte à une taupe qui veut sortir de son trou.

Dethier (*vexé*). — Ah! Mademoiselle! Je ne suis pas aveugle, ce me semble! Allons, je m'en vais. (*Il va pour sortir.*)

Joséphine Valcourt (*lui présentant ses lunettes*). — Vous oubliez vos lunettes.

Dethier. — Quelle amère dérision! (*Il met des lunettes vertes.*) Voyons, adieu Fifine. (*Il veut l'embrasser; Joséphine lui tourne le dos.*) Tu ne veux pas... Eh bien, c'est comme tu voudras. (*Bas à Catherine.*) A ce soir, n'est-ce pas?

Catherine. — Oui..

Dethier. — Adieu donc, le temps me presse
Pour me rendre à mon bureau.
(*Bas à Catherine*) Comptez bien sur ma promesse
De revenir au plus tôt.

Joséphine Valcourt. — Des flâneurs il est le maître,
Et mainte fois il se perd.
Il serait homme peut-être
A flâner dans un désert.

Dethier et Joséphine. — Adieu donc, le temps le presse
(*Reprise.*) De se rendre à son bureau.
J'ai foi dans votre promesse
De revenir au plus tôt.

SCÈNE III.

JOSÉPHINE VALCOURT, CATHERINE.

Joséphine Valcourt. — Enfin le voilà parti! Ce n'est pas malheureux.

Catherine. — Vous aimez donc bien à rester seule?

Joséphine Valcourt. — J'aime mieux être seule que d'être ennuyée.

Catherine. — C'est que vous ne connaissez pas le bonheur d'une passion que l'on partage avec vous.

Joséphine Valcourt. — Je n'y tiens pas le moins du monde. Tout ça c'est des bêtises.

Catherine. — C'est un peu vrai, ce que vous dites là, allez. Imaginez-vous que je suis bien embarrassée en ce moment.

Joséphine Valcourt. — Ah! qu'est-ce que c'est donc?

Catherine. — Il y a un homme d'un âge mûr qui me poursuit de son amour depuis six mois. (*A part.*) Si elle savait que c'est son oncle. (*Haut.*) Que me conseillez-vous de faire?

Joséphine Valcourt. — Dame! je ne sais pas. Est-il bien encore pour son âge?

Catherine. — Oh! il est assez mal, pour son âge.

Joséphine Valcourt. — Est-il riche?

CATHERINE. — Mais, il est assez à son aise.

JOSÉPHINE VALCOURT. — Alors, épousez-le.

CATHERINE (soupirant). — Ce n'est pas *le tout;* mais, il est maussade, grognon, à manies, il prend du tabac.

JOSÉPHINE VALCOURT. — Comme mon oncle.

CATHERINE. — Il porte des lunettes.

JOSÉPHINE VALCOURT. — Comme mon oncle.

CATHERINE. — Enfin, il est à dormir debout.

JOSÉPHINE VALCOURT. — Toujours comme mon oncle.

CATHERINE. — Qu'en dites-vous ?

JOSÉPHINE VALCOURT. — Je dis que c'est un mari un *peu papa*.

CATHERINE. — Mais il y a un jeune homme d'un autre côté qui me fait une cour assidue.

JOSÉPHINE VALCOURT. — Est-il gentil ?

CATHERINE. — Gentil, ce n'est pas le mot. Il a un si drôle de nez que c'est à mourir de rire; mais enfin c'est... un jeune homme, et puis, un farceur; oh ! mais un farceur fini.

> Son aspect provoque le rire;
> Ses lazzis d'aise font pâmer;
> Ses calembourgs, on peut le dire,
> A force de rire vous font pleurer.
> Toujours content, toujours aimable,
> C'est un parti très avenant.
> Mais ce futur, si désirable,
> N'a pas, hélas ! un sou vaillant } BIS.
> — présent. —

JOSÉPHINE VALCOURT. — Que voulez-vous que je vous dise ? C'est très embarrassant. Quant à moi, cela ne m'inquiète pas ; mon choix est fait.

CATHERINE. — Ah ! et comment est-il ?

JOSÉPHINE VALCOURT (*se reprenant*). — Il est comme rien, puisque je ne pense à personne.

CATHERINE. — Ce qui ne veut pas dire que personne ne pense à vous.

JOSÉPHINE VALCOURT. — Est-ce que vous croyez que je fais attention à toutes ces barbes qui me dévisagent, en avançant leur chapeau et en lâchant une bouffée de tabac, à chaque coup d'œil ? Autant être regardée par une locomotive surmontée d'un gibus, par exemple !

CATHERINE. — Vous êtes difficile, Mademoiselle; il y a des barbes qui sont bien : la moustache est séductrice et le collier cravate bien un homme.

SCÈNE IV.

JOSÉPHINE VALCOURT, CATHERINE, LÉONIE.

LÉONIE (*en dehors*). — Oh! la la!

CATHERINE. — C'est la voix de Léonie. En voilà une qui n'est pas de votre avis, par exemple!

LÉONIE (*entrant tout essoufflée et s'asseyant sur une chaise*). — Ah! je n'en puis plus!

JOSÉPHINE VALCOURT. — Que vous est-il donc arrivé?

LÉONIE. — Ce qui m'est arrivé? Une chose, ah! mais une chose! Vous allez voir. Il fait un temps à ne pas trouver un omnibus incomplet, et j'ai été obligée de revenir à pied de la rue Barre-du-Bec à la rue du Grand-Hurleur.

CATHERINE. — Eh bien, c'est un petit malheur.

LÉONIE. — Un petit malheur! mais ce n'est pas le tout. Je marchais toujours le long des trottoirs, quand il y en avait; lorsque j'aperçois au milieu de la rue un homme, précédé par un commissionnaire orné d'une bassinoire et de plusieurs instruments du même genre. Cet homme regardait en l'air, sans trop s'inquiéter de la pluie : il faisait mine d'inspecter chaque maison. Enfin la lune, perçant un trou dans un nuage, un de ses rayons tomba sur sa figure, et j'aperçus un nez de ma connaissance, rouge comme une écrevisse, et mouillé, oh! mais mouillé, comme s'il s'était servi d'une canne-parapluie. Comme je ne voulais pas faire semblant de reconnaître M. Bourcicault...

CATHERINE. — M. Bourcicault!

LÉONIE. — Vous le connaissez?

CATHERINE (*à part*). — Dissimulons. (*Haut.*) Mon Dieu, pas le moins du monde; mais c'est qu'il a un nom...

LÉONIE. — Un peu singulier, n'est-ce pas? Que voulez-vous, au moment de son baptême il n'a pas pu se faire entendre.

JOSÉPHINE VALCOURT. — Allons donc, ma chère, finissez-en donc! Vous nous faites languir.

CATHERINE. — Curieuse!

LÉONIE. — Je me dépêchais d'arriver, mais je me retournais de temps en temps, pour voir ce que devenait M. Bourcicault, lorsqu'un jeune homme que je n'avais pas remarqué...

CATHERINE. — Ah! par exemple!

Léonie (*piquée*). — Certainement, je ne l'avais pas remarqué ; me croyez-vous comme tant d'autres ? Ce jeune homme s'imagine que c'est à lui que s'adressent mes tours de têtes (*pas de mon bonnet*), il s'approche de moi, en me disant : oh ! la jolie jambe ! J'avais retroussé ma robe, il faisait tant de boue...

Catherine (*à part*). — La coquette !

Léonie. — Jusque là, ça allait assez bien : mais il me veut prendre la taille, me propose sa canne pour me garantir de la pluie, m'offre de m'accompagner. Oh ! alors, la peur me galoppe : je cours, je m'éclabousse, je frappe à la porte, je la referme sur le nez du jeune blond (*c'était un blond*) ; je monte quatre à quatre, et me voilà.

Catherine. — Tout cela, c'est pour vous donner des gants. Vous faites la mijaurée, ce qui vous va fort mal, ma chère, en parlant de M. Bourcicault Zenon !

Léonie. — Mais vous, ma bonne, il paraît que vous le connaissez assez décemment ; pour énoncer ses noms et prénoms avec tant de facilité.

Joséphine Valcourt. — Allons, Mesdemoiselles, soyez raisonnables. Quand je vous dis que ces monstres d'hommes ne valent pas la crinoline de leurs faux cols.

Catherine (*à Léonie*). — Du reste, je suis bien sûre que Bourcicault n'a pu que plaisanter avec vous.

Léonie (*à Joséphine*). — Je suis convaincue qu'elle est complètement refaite.

SCÈNE V.

Les Précédentes, ARTHUR DE SMITH.

Arthur de Smith. — Pardon, excuse, Mesdemoiselles : je ne vous dérange pas ?

Joséphine Valcourt. — Non, père Arthur. Qu'est-ce que vous voulez ?

Arthur de Smith. — C'est que j'ai frappé inutilement à la porte de mademoiselle Catherine et à la porte de mademoiselle Léonie, sans obtenir de réponse ; alors, je me suis dit : Si ces demoiselles ne sont pas chez elles, c'est qu'elles sont autre part ; or, elles peuvent être chez madame Michaud ou bien chez mademoiselle Joséphine. J'ai été d'abord à la porte de madame Michaud ; mais, comme j'ai entendu qu'on ne disait rien, je suis venu où qu'on disait *queuque* chose. (*Donnant les lettres à chacune d'elles.*) C'est quinze centimes, trois sous.

Léonie (*fouillant dans sa poche*). — Je vous donnerai cela en descendant, demain matin.

Catherine. — Et moi aussi.

Arthur de Smith. — Oh! ça ne presse pas, Mesdemoiselles, d'autant plus qu'il y a quelqu'un à ce moment dans ma loge qui demandait à ma femme, s'il n'y avait point de logements. J'ai répondu que celui-ci *l'était* pour le terme, et je viens demander à Mademoiselle, si elle veut bien permettre...

Joséphine Valcourt. — Comment, à cette heure? Vous n'y pensez pas!

Arthur de Smith. — C'est que ce jeune homme a l'air bien désireux d'habiter cette maison.

Joséphine Valcourt. — C'est une chose assez bizarre! mais si vous ne pouvez faire autrement, vous le laisserez monter : nous sommes trois ici, il n'y aura aucun inconvénient, et d'ailleurs je vous appellerai.

Arthur de Smith. — Mademoiselle, je suis le caniche naturel des *locatrices* de cette maison. (*Il sort.*)

SCÈNE VI.

Les Mêmes, hors ARTHUR DE SMITH.

(Pendant la conversation précédente, Catherine et Léonie ont lu leur lettre.)

Catherine. — Quand je le disais, ce pauvre Bourcicault, que Mademoiselle représente se promenant, à l'heure qu'il est, précédé d'une bassinoire, m'exprime le regret de n'avoir pu me voir depuis mon changement de domicile.

Léonie. — Comment il vous a écrit? Mais, à moi aussi! De nombreuses occupations l'ont empêché de me venir voir depuis quinze jours.

Joséphine Valcourt. — Ne voyez-vous pas qu'il se moque de vous deux.

Catherine. — Oh! mais ce n'est pas tout; il ajoute : « Au revoir, « charmante Catherine; depuis que je ne vous vois plus, mon « âme est contristée, mon cœur bondit dans ma poitrine « d'homme, et mes artrères font un bruit semblable aux wa- « gons du chemin de fer de Versailles (rive gauche). J'attends, « avec impatience, l'heureux moment où je pourrai m'élancer « à votre *cintième* étage sur la locomotive de l'Amour. »

Léonie. — Et à moi, donc! Écoutez ce qu'il me dit : « J'attends, « avec impatience, l'heureux moment où je pourrai m'élancer « à votre *cintième* étage sur la locomotive de l'Amour, oh, char- « mante Léonie! Depuis que je ne vous vois plus, mes artères « font un bruit semblable aux wagons du chemin de fer de « Versailles (rive gauche); mon cœur bondit dans ma poitrine « d'homme, et mon âme est contristée. »

Joséphine Valcourt. — C'est jus-vert, vert-jus.

Léonie. — Mais c'est une atrocité!

Catherine. — Et c'est un être, répondant au nom de Bourcicault qui est susceptible d'enfanter de pareils traits!

Léonie. — Mais, ma chère, nous sommes refaites toutes les deux! il n'y a pas moyen de nous le dissimuler.

Joséphine Valcourt. — Mon Dieu, voila-t-il pas une grande affaire pour un scélérat d'homme. Si vous y tenez tant, partagez-le.

Catherine. — L'on voit bien que vous ne savez pas ce que c'est qu'une passion de cœur.

Joséphine Valcourt. — Lorsqu'on a une passion de cœur, l'on n'y pense pas; c'est le moyen de la laisser sur le carreau.

Léonie. — C'est cela, Mademoiselle fait de mauvais calembourgs, parce que c'est une tourterelle sans emploi.

Joséphine Valcourt. — Allons, consolez-vous, consolez vos mu- tuelles douleurs, je reviendrai quand vous aurez séché vos larmes. (*Elle entre dans la chambre à droite.*)

SCÈNE I.

LÉONIE, CATHERINE.

Catherine. — A nous deux, Mademoiselle! Un grand homme a dit : il faut laver son linge sale en famille. Il ne se doutait pas qu'il parlait pour deux femmes délaissées par Bourcicault Zenon.

Léonie. — Délaissées! J'espère bien qu'il n'y en a qu'une! parlez pour vous, ma chère.

Catherine. — Ne nous disputons pas : les disputes des femmes, c'est le succès de l'homme, et réciproquement. C'est un poly- technique qui me l'a dit. Ce Bourcicault, notre séducteur *in partibus*...

Léonie. — Ni par... quoi?

Catherine. — C'est un étudiant en droit qui me l'a communiqué.

Léonie. — Quoi?

Catherine. — Ce mot là ! Eh bien, mademoiselle Léonie, croyez-vous être aimée de ce monstre ?

Léonie. — Mademoiselle, j'allais précisément vous faire la même question.

Catherine. — C'est que si je le savais, je serais femme à vous arracher les cheveux de la tête, quitte à vous offrir tous les ans z'un tour pour vos étrennes !

Léonie. — Voilà du calme, ou je ne m'y connais pas; mais je trouve votre offre bien chétive et bien capillaire. Du reste, si vous tenez à votre Bourcicault Zenon, l'on peut bien vous le laisser; l'on n'a pas que son nez pour soi.

Catherine. — Combien vous en faut-il donc ?

Léonie. — Enfin, ma chère, si vous tenez tant à conserver ce précieux tubercule, encadrez-le par le procédé Gannal ! nous n'y tenons pas ; nous avons un homme autrement bien né, autrement cossu, qui nous consolera très bien du malheur d'être privée de M. Bourcicault. Nous ne refuserons même pas la lettre de faire part de son heureux hymen avec mademoiselle Catherine Poieillé de la Conciergerie.

Catherine. — Vous plaisantez; mais moi aussi, je puis vous en dire autant ; je ne suis pas réduite au Bourcicault pur et simple. Nous avons semé de la graine de niais : elle est très bien venue ; seulement je ne me suis pas encore décidée à la faire sécher.

Léonie (*regardant Catherine en riant*). — Eh bien, nous pouvons nous consoler réciproquement. Nous sommes femmes de précaution. Nous avons été mises dedans : quand le sélérat viendra chez nous, nous le mettrons dehors ; voilà tout.

SCÈNE VIII.

Les Précédentes, BOURCICAULT. (*Il a un sac de nuit, un parapluie rouge, un clyso-pompe et une bassinoire.*)

Bossens. — Est-ce ici que demeure mademoiselle Louise Valcourt ? Je viens pour visiter l'appartement.

Léonie. — Mais c'est lui !

Bourcicault (*laissant tomber la bassinoire et le clyso-pompe*). — C'est

Catherine. — Ah ! mon Dieu !

Bourcicault (*l'apercevant*). — Ah ! diable ! je tombe dans un tapis-franc de pies vexées !

Catherine. — Tu venais chercher un logement, scélérat ! et tu trouves un tribunal pour te juger.

Bourcicault. — Alors, c'est un tribunal en robe permanente. Mais, pardon, charmantes colombes, je n'ai pas le temps d'être spirituel ; une autre fois, je ne dis pas. Je cherche un logement qui est à l'état de quadrature du cercle, pour moi, ou de bons royaux espagnols, si vous le préférez. En ce moment, je n'ai pas un endroit pour reposer ma tête. Je ne puis vraisemblablement pas mettre mon esprit en campagne, vu le mauvais temps qu'il fait dehors.

Léonie. — Mais il ne s'agit pas de cela. Dites-nous pourquoi.....

Bourcicault. — Ah ! c'est juste ! Je n'espérais certainement pas avoir le plaisir de vous rencontrer ; mais, puisque vous voilà, vous allez me donner quelques renseignements.

Catherine. — Des renseignements ! mais c'est au contraire nous qui vous en demandons.

Bourcicault. — Sur quoi ?

Léonie. — Sur votre conduite, sur vos menées !

Catherine. — Sur vos démarches !

Bourcicault. — Ah ! oui. Parlons-en de mes menées ; narrons mes démarches, elles sont jolies !

Léonie. — Ah ! il en convient !

Bourcicault. — La pluie, le vent, la grêle, la boue, et puis menacé passer la nuit à l'ombre des patrouilles-grises ou d'un bec de gaz : voilà, en petit, le résumé de mon *statu quo !*

Léonie (*le regardant*). — De quoi parle-t-il donc ? (*A Catherine.*) Mais regardez-le, ma chère, si l'on ne dirait pas qu'il a passé le jour à trop dîner.

Bourcicault. — Oh ! saperlotte ! oh ! saperlotte ! (*Prenant la main de Léonie et l'amenant en face du public.*) Est-ce que c'est pour vous moquer de moi que vous dites ça ? Vous venez me dire que j'ai ingurgité un nombre indéterminé de bouteilles, tandis que je n'ai reçu qu'une douche continue à satisfaire trois cent douzaines de canards ; je suis en passe d'être injecté, et vous venez me reprocher une immersion fabuleuse ! Oh ! Léonie ! nos beaux jours sont passés ; tirons le rideau de l'oubli sur le tableau de nos amours.

Catherine. — Et moi donc !

Bourcicault (*à part*). — Tiens, c'est vrai ! je n'y pensais plus. (*Haut.*) Je vais vous expliquer comment... (*Il a toujours son sac de nuit.*) Voulez-vous bien me permettre de déposer ce traversin de voyage.

Catherine. — Nous expliquerez-vous ce que signifient ces deux lettres ? (*Elle les lui donne.*)

Bourcicault. — Elles ne doivent rien signifier du tout.
Léonie. — Mais c'est vous qui les avez écrites?
Bourcicault. — Est-ce que c'est présumable. Lorsqu'on déménage, l'on peut bien courir la poste, mais on n'a pas le temps de la faire marcher.
Catherine. — Mais lisez ces lettres. Reconnaissez-vous votre écriture?
Bourcicault. — C'est bien là mon écriture. Ah! c'est peut-être un fac-simile. Après ça, dans un déménagement, l'on a la tête tellement troublée qu'on ne sait pas ce que l'on fait. J'ai pu écrire ces lettres par distraction.
Léonie. — Comment, par distraction! Eh bien, le mot est joli.
Bourcicault (*avec fatuité*). — Il m'arrive d'en dire quelquefois. Mais, une fois pour toutes, je n'ai pas le temps d'être spirituel. Je cherche un logement qui soit au midi, dans une maison où il n'y ait pas de chiens ni d'enfants, où les chats ne miaulent pas trop, et où les portiers ne fassent pas de cancans s'il arrive de rentrer tard ou si l'on monte l'escalier en zig-zag. Il me semble que c'est clair comme plusieurs carcel.
Catherine. — En voilà un cornichon!
Bourcicault (*avec joie*). — Comment! je me livre au plaisir de vivre sous le même toit que toi! je me dis avec délices: A un mètre cinquante centimètres de moi dort, chante, rit, mange des pommes en été et des marrons en hiver, cette ravissante Catherine, la perle des fleuristes; eh bien! non, au lieu de ces noms si tendres, que je m'étais plu à composer pour mon usage personnel, tu me donnes celui d'un jeune concombre! A un outrage comme celui-là, on doit répondre par un bocal; mais cette dernière consolation m'est refusée dans mon malheur: ma dernière espérance vient de se briser au bas de cet escalier; et, de rechef, je demande à visiter le local.

SCÈNE IX.

JOSÉPHINE VALCOURT et les Précédents.

Joséphine. — Et... Bourcicault... Ah!
Bourcicault. — Mademoiselle, je ne m'attendais pas au plaisir de vous revoir.
Catherine et Léonie. — Comment, ils se connaissent!
Léonie. — Voyez-vous, la petite mijaurée!
Bourcicault. — Il me semble que je suis une connaissance *avouable*!

JOSÉPHINE. — Ah! Monsieur! je ne vous aurais pas cru capable de vous présenter ici sous un pareil prétexte.

BOURCICAULT. — Mademoiselle, soyez bien persuadée que c'est le hasard seul qui m'a introduit ici. Ces demoiselles peuvent rendre témoignage de la vérité de mon articulation.

CATHERINE (*à Joséphine*). Mais c'est Boourcicault! Vous ne saviez donc pas son nom?

JOSÉPHINE. — Mon Dieu, non; et maintenant que je le sais, je vois bien ce qui me reste à faire. (*A Bourcicault et avec colère.*) Monsieur, si vous comptez habiter la même maison que moi, vous vous trompez infiniment. Je dois quitter cette maison au moment où vous y entrerez. Outre l'heure peu convenable que vous avez choisie pour visiter cet appartement, vous avez contre vous votre conduite envers mes deux amies; et si nos entrevues au bal de Sceaux avaient pu m'inspirer quelque chose en votre faveur, votre manière d'agir est bien faite pour m'en ôter jusqu'au plus simple souvenir. Du reste, Monsieur, vous êtes ici pour visiter un appartement et non pour recevoir des reproches. Ces demoiselles vont avoir la bonté de vous le montrer.

BOURCICAULT. — Ceci me paraît tourner au tragique. Enfin, je me fie à mon étoile, pourvu qu'elle ne soit pas comme le temps.

CHŒUR.

Visitez tout dans ces lieux,
Où toujours la paix habite.
— Après cela, partez vite,
Nous nous en trouverons mieux.

BOURCICAULT. — A demeurer tout m'invite,
Je ne pourrais être mieux.

SCÈNE X.

JOSÉPHINE SEULE. (*Elle regarde pendant quelque temps la porte à gauche qui s'est refermée sur les trois personnes.*)

Oh! oui; je ne le verrai plus! Il sera bien reçu maintenant à m'offrir de danser; je l'enverrai joliment promener! Ce qu'il a fait à ces deux sottes-là, il pourrait me le faire, à moi. Il m'a fallu une fameuse force pour dissimuler devant elles deux. Ça tournait à l'attaque de nerfs, un peu plus. Non, vraiment, j'aurais mieux aimé me poser vingt sangsues, ma parole d'honneur! Parce que je le croyais, j'avais donné dans le panneau, comme une pauvre petite poule; mais à présent, l'on ne m'y reprendra plus. Oh! non.

J' m'imaginais, dans ma folie,
Qu'un homme pouvait dire vrai!
Qu'au moins, une fois dans sa vie,
Cet être là sincèrement nous aimait.

> Mais, pauvres femmes que nous sommes,
> En vain nous nous prémunissons.
> Nous sommes des brebis qui naissons
> Pour être mangées par ces gueux d'hommes.

Mais, du moins, ce ne sera pas Bourcicault qui me croquera.

SCÈNE XI.

LÉONIE, CATHERINE et BOURCICAULT.

Léonie. — Eh bien, a-t-il fini d'inspecter tout?

Catherine. — Je crois que oui. Mais vous ferez bien de le forcer à se retirer de suite et de le consigner chez le portier : c'est un être si dangereux.

Léonie. — Et puis, il ne pourra plus me voir, n'est-ce pas, et cela vous arrange.

Catherine (*en riant*). — Oh! je n'y tiens pas plus que vous, allez.

Léonie. — Alors, vous faites bien.

Bourcicault (*à Léonie*). — Passez, Mademoiselle, je vous en supplie.

Léonie. — Monsieur, je suis de la maison.

Bourcicault. — Je resterais plutôt toute la nuit sur le seuil de cette porte que de la passer le premier. C'est à votre choix.

Léonie. — Comment, Monsieur, vous voulez passer la nuit dans ma chambre !

Bourcicault. — Mademoiselle, on veut m'y forcer.

Léonie. — En ce cas, je passe.

Bourcicault. — Et moi, je franchis le seuil.

Léonie (*à Bourcicault*). — Maintenant, Monsieur, vous n'avez peut-être pas observé si l'escalier est en bon état; vous avez le droit de vous en assurer.

Bourcicault. — Je vous remercie infiniment de cette attention délicate. (*A part.*) Il est clair qu'elle me met à la porte. Et personne ne connaît ma position. J'ignore où gisent actuellement les trois quarts de mon mobilier. L'autre quart se prélasse sur cette chaise de paille...; et leur malheureux propriétaire n'en a pas, en ce moment, la moindre botte..... pour se reposer. Si j'étais un cheval... je me ferais mettre en fourrière; mais le sort m'a fait naître bipède, jouissant, hélas! de tous les droits civils qui ne résultent pas du cens électoral. Ah bah! je trouverai un moyen... la souricière n'a pas été inventée pour les chats... Mais, que dis-je, une souricière à moi... tandis qu'il y a une blanche colombe... ce serait bien dur pour un graveur en taille-douce... Il faut décidément que je lève en masse toute mon éloquence.

LÉONIE. — Est-ce que vous allez coucher ici ?

BOURCICAULT (*à part*). — Je le voudrais, fichtre bien! mais voilà le difficile. (*Haut et d'un air comiquement passionné.*) Il m'en coûterait trop, Mademoiselle, de me retirer ainsi, laissant une trace aussi désagréable dans votre souvenir. Au moment où je sais votre demeure. (*A part.*) Et où j'ignore la mienne. (*Haut.*) Être forcé de vous quitter, de m'éloigner de cette maison où je laisse tout mon bonheur, pour aller (je ne sais où) loin de votre présence.

LÉONIE. — Faut-il donc, Monsieur, que nous recourions à la force pour vous faire sortir d'ici ?

BOURCICAULT. — Je ne vous donnerai pas cette peine. (*A part.*) Toi, tu me le paieras.

CATHERINE. — Vous ferez plaisir à Mademoiselle d'enlever votre défroque.

BOURCICAULT (*à part*). Elle aussi. Je devais m'y attendre.

LÉONIE. — Eh bien, Monsieur.

BOURCICAULT (*à part*). — Décidément je ne puis pas rester ici. Il faut que je me décide à stationner dans la rue, comme une citadine, ou à me poser comme une statue équestre sur la rampe de l'escalier.

LÉONIE. — Allons donc, Monsieur Bourcicault.

BOURCICAULT (*à part et n'ayant pas entendu*). — Je ne puis pourtant pas attendre ainsi le lever de l'aurore; ce serait par trop... vertueux. O institution civique, voilà de tes coups !

LÉONIE (*le prenant par le bras*). — Monsieur, donnez-vous donc la peine de...

BOURCICAULT. — Ah !... j'y suis!

TOUTES. — Qu'est-ce qui lui prend. Il est fou.

BOURCICAULT (*à part*). — Quand elles seront parties, je commencerai l'assaut. (*Haut.*) Allons, Mesdemoiselles, puisqu'il le faut absolument.

AIR de *Giselle*.

BOURCICAULT.	CATHERINE et LÉONIE.
Bien malgré moi d'ici je me retire,	Bien malgré lui, hélas! il se retire;
Par mes prières je ne puis les toucher.	Par ses prières il ne peut les toucher.
Pour un asile en vain mon cœur soupire,	Pour un asile en vain son cœur soupire.
J'ignore vraiment où j'irai me coucher.	Il passera la nuit sans se coucher.

LÉONIE. — A s'en aller enfin il se décide;
C'est fort heureux, car l'on pourrait jaser.
BOURCICAULT. — A coups de langue j'consens qu'on m'homicide,
Pourvu qu'on me donne un lit pour reposer.

— *Reprise.* —

SCÈNE XII.

Les Précédentes, JOSÉPHINE, hors BOURCICAULT.

Joséphine Valcourt. — Enfin, le voilà parti.

Catherine. — Concevez-vous un original de cette sorte?

Léonie. — Comme nous nous étions trompées, hein? C'est qu'il a laissé toutes ces affaires ici.

Joséphine Valcourt. — Ne le rappelez pas : nous en aurions pour la nuit. Si M. Bourcicault veut reprendre sa batterie d'alcôve, il fera jour demain.

Catherine. — Mais comment se fait-il qu'il soit, à cette heure, à chercher un logement? Il faut décidément qu'il ait perdu la tête.

Léonie. — Au fait, c'est vrai. Ah! il est peut-être somnambule?

Joséphine Valcourt. — Oh! la folie!

Léonie. — Vous ne croyez donc pas au magnétisme? mesdemoiselles?

Joséphine Valcourt. — Pourquoi cela?

Léonie. — Bourcicault s'est peut-être fait magnétiser pour trouver un logement convenable, et c'est probablement celui-ci qu'il a indiqué dans son sommeil.

Catherine. — Voulez-vous que je vous dise une chose : Ce que nous avons de mieux à faire, c'est de nous aller coucher.

Joséphine Valcourt. — Eh bien, c'est cela; à demain, Mesdeselles?

Catherine et Léonie. — Bonsoir.

Joséphine Valcourt. — Et surtout ne rêvez pas Bourcicault.

Catherine (*d'un air nonchalant*). — Est-ce que vous allez attendre votre oncle?

Léonie (*à part*). — Se douterait-elle de quelque chose? Oh! c'est impossible.

Catherine. — Je ne vous conseille pas de l'attendre; car il rentre si tard...

Joséphine Valcourt. — Certainement, je ne l'attendrai pas. — (*Couplets de sortie.*)

Toutes. — Bonsoir.

SCÈNE XIII.

JOSÉPHINE VALCOURT, seule.

Enfin, voilà une soirée de passée! et quelle soirée, mon Dieu! (*Regardant à la pendule* : *Il est onze heures.*) Allons, je vais me coucher. (*Elle commence à se déshabiller.*) Ce Bourcicault!.. a-t-on jamais vu une audace pareille! Mais c'est qu'il avait l'air d'être sûr de son fait. Il entrait ici comme chez lui. (*Jetant les yeux sur la bassinoire et le clyso-pompe*). Et comment se présente-t-il? lui qui, dernièrement, au bal de Sceaux, avait l'air si bien. Avec cet attirail de carnaval... C'était donc une mystification qu'il voulait me faire, et pourquoi! je vous le demande. Serait-ce pour ces deux bêtasses? Non; il ne leur aurait pas envoyé ces deux lettres... (*Elle est en corset et en jupon.*) Bah! n'y pensons plus. (*Elle se dirige, une chandelle à la main, vers la chambre à gauche, avec sa robe sur le bras. Elle fait tomber en passant la bassinoire. — Avec humeur :*) : Toujours cet ustensile!

SCÈNE VI.

BOURCICAULT, JOSÉPHINE VALCOURT.

Bourcicault (*en dehors, frappe à la porte*).

Joséphine Valcourt. — Allons! mon oncle n'en fait jamais d'autres. Il rentre toujours au moment où je vais me coucher. (*Elle ouvre. Bourcicault entre de suite et ferme la porte, sans que Joséphine Valcourt, embarrassée par son bougeoir et sa robe, puisse l'en empêcher.*) Comment! c'est encore vous?

Bourcicault. — C'est encore moi.

Joséphine Valcourt. — Et pourquoi revenez-vous, Monsieur?

Bourcicault. — Pour vous voir.

Joséphine Valcourt. — Mais qu'espérez-vous donc?

Bourcicault. — Fléchir mon impératrice Joséphine... (*Voyant qu'elle cherche son fichu pour le mettre, il le lui présente en disant :*) Voici votre fichu, Mademoiselle, je suis un jeune homme très timide.

Joséphine Valcourt. — Il paraît.

Bourcicault. — Il ne faut pas toujours se fier aux apparences. Vous connaissez pas ma position, Mademoiselle; c'est qu'elle est horrible, ma position. Je suis littéralement sans asile, et si vous me mettez à la porte, vous me placez sur le seuil de la police correctionnelle.

Joséphine Valcourt. — Monsieur, je n'ai qu'une chose à vous dire : Voulez-vous vous en aller?

Bourcicault. — M'en aller... me coucher. Je ne demande pas mieux. Mais où? mais où?

Joséphine Valcourt. — Dans un hôtel.

Bourcicault. — Ah! oui... un hôtel, n'est-ce pas? et le moyen de le payer : j'ai donné mon dernier monaco au commissionnaire qui...

Joséphine Valcourt. — Ah ça! mais vous êtes donc un...

Bourcicault. — Elle me prend pour un *grinche*, à présent. Mais non, mais non. C'est pour vous dire combien je suis à plaindre. Entre un nuage et un coup de vent, je vois : Appartement à louer pour le terme. Je me dis : voilà celui de ma course nocturne. D'ailleurs, je savais que cette maison était habitée par...

Joséphine Valcourt. — Celles que vous avez mystifiées...

Bourcicault. — Les aimant également l'une et l'autre, je n'ai pu que trouver les mêmes termes pour le leur exprimer. Mais vous, Mademoiselle, vous dont la pensée m'occupe sans cesse; vous qui êtes la cause d'une pérégrination inusitée, même pour l'homme le plus Rodolphe du septième arrondissement, seriez-vous assez cruelle pour me repousser? J'ignorais que vous fussiez dans cette maison; je vous y trouve à onze heures du soir, et vous voulez que je vous perde! Quand je me rappelle vos aimables sourires de onze dimanches consécutifs, après les bienveillantes paroles dont vous m'avez submergé, j'avais lieu de croire que je serais traité plus favorablement.

Joséphine Valcourt. — Comment! Monsieur...

Bourcicault. — Eh bien, non, là. Accordez-moi un asile, je vous en supplie, en tout bien, tout honneur, s'entend... Dans votre cuisine, comme un indigne valet.

Joséphine Valcourt. — Non, Monsieur, c'est impossible.

Bourcicault. — Dans votre garde-manger, même, et je m'y résignerai (*à part*) avec un certain plaisir.

Joséphine Valcourt. — Non.

Bourcicault. — Dans le charbonnier, si vous l'aimez mieux, et si cette preuve d'abnégation peut me blanchir.. de tout soupçon..

Joséphine Valcourt. — Non, Monsieur.

Bourcicault. — Au nom du bal de Sceaux, où nous chaloupions ensemble.

Joséphine Valcourt. — Non.

Bourcicault. — Au nom des fausses notes du cornet à piston local.

Joséphine Valcourt. — Non.

Bourcicault. — Au nom du grand prix de Rome, qui houspillait l'orchestre.

Joséphine Valcourt. — Non, allez-vous-en.

Bourcicault. — Mais qui êtes-vous donc, pour me repousser ainsi, sans une larme dans les yeux, sans un tremblement dans le regard? La Chouette des *Mystères* n'était qu'une pie-grièche en comparaison de vous.

Joséphine Valcourt. — Monsieur, puisque vous continuez, malgré mes prières, malgré mes ordres, à vouloir rester ici, je vous ferai repentir d'avoir ainsi violé mon domicile.

Bourcicault. — Ah! Mademoiselle, que n'en puis-je dire autant.

Joséphine Valcourt. — Monsieur, sortez.

Bourcicault. — Auprès de vous, est-ce que je le puis?

Joséphine Valcourt. — Eh bien, Monsieur, rira bien qui rira le dernier. Vous voulez rester, n'est-ce pas?

Bourcicault. — Je vous en supplie depuis une demi-heure.

Joséphine Valcourt. — Eh bien! demeurez. Mais s'il en résulte pour vous quelques désagréments, vous ne les imputerez qu'à votre obstination. (*Elle ouvre la porte, sort, et la ferme à double tour.*)

Bourcicault (*stupéfait*). — Qu'est-ce que vous faites donc! est-ce que vous allez chercher le commissaire de police?

Joséphine Valcourt. — Bonsoir.

SCÈNE XV.

BOURCICAULT, *seul.*

Vit-on une situation pareille à la mienne! Je ne sais où j'en suis. Ma tête passe à l'état de girouette. Comment cela finira-t-il? Je croyais cette petite de bonne composition. L'occasion m'excitant, je voulais m'établir ici ; j'y suis, mais pas de la manière dont je l'entendais. Par goût, j'aime assez le bal de Sceaux, malgré sa poussière et ses souvenirs historiques ; mais je déteste, d'un autre côté, les fonctions honorables du soldat-citoyen. La garde nationale, c'est pour moi comme le mariage : je cultive le bizet dans l'un et dans l'autre cas, non sans tribulations. L'on m'avait bien offert les galons de caporal pour me séduire, mais je dédaigne les honneurs. D'ailleurs, le sergent-major de ma compagnie est un gueux d'huissier, l'huissier de mon ex-propriétaire. Or donc, je suis dans l'habitude, de trois mois en trois mois, de passer d'un arrondissement dans un autre, pour éviter l'abri protecteur de la guérite civique. Vous me direz : Cela doit vous faire perdre du temps ? Je vous répondrai : Nullement. Si vous voulez ma recette, je vous la livre gratis, je ne prendrai pas de brevet. Pour éviter le billet de garde, prenez une charrette... plus ou moins grande, placez-y ce que vous avez, et faites conduire le véhicule susmentionné dans les rues d'un arrondissement où le tambour n'est pas venu vous relancer. Du moment que vous avez trouvé un logement à votre convenance, ordonnez l'ascension de vos meubles et effets mobiliers dans la portion d'immeuble que vous voulez honorer de votre présence ; alors vous êtes rassuré, le sergent-major vexé, et vous pouvez dire (*il fait le signe de zut*) pour un trimestre aux revues, factions et plantons généralement quelconques. C'était le 15, ce matin, et je ne m'en suis aperçu qu'à quatre heures du soir, à la nuit *pleuvante*. Malgré le portier, je sors triomphant, précédé d'une charrette, et une demi-heure après, j'étais installé dans le septième arrondissement, disant adieu pour toujours au cinquième, que je venais de quitter. Je prends la clef que voici, et, les mains dans ma poche, je me promène le long des trottoirs ; puis je me rappelle que ces ustensiles étaient restés dans mon ex-domicile. Je retourne, et derechef je ressors victorieux, précédé, cette fois, d'un homme portant ces cuivres indispensables. Je n'avais pas payé mon terme. J'étais satisfait.

C'est maintenant que commence l'histoire de mes malheurs, par une nuit pluvieuse et avare de clair de lune. Arrivé dans le septième arrondissement, je ne sais plus le nom, ni le numéro de la rue, je cherche instinctivement, et, depuis cinq heures, je bats en vain tous les pavés ; je frotte, sans espoir, tous les asphaltes. Perdu, égaré comme un sylphe léger à travers le feuillage, je passais, pour la quinzième fois, devant cette maison, lorsqu'une idée me vint, sous le réverbère où je m'étais posé un instant. Je me rappelle mes deux missives. J'ignorais que mes correspondantes se connussent. Je vois qu'il y a quelque chose à louer. Je me dis : Montons. Mais l'averse qui tombait dans la rue était une simple rosée en comparaison de l'orage moral qui m'attendait ici. Je revois avec bonheur une femme adorée ; mais comment la *revois-je ?* indignée contre moi. N'osant lui confier mon secret, par trop ridicule, et à la veille, maintenant qu'elle a mis le verrou à cette porte, d'étre cloîtré par les hideux battoirs d'un agent de police. Voilà, voilà pourtant où me conduira le dédain des factions. (*Il se promène avec agitation, puis il s'arrête.*) Dieu! que j'ai mal à l'estomac? (*Il se promène encore.*) Ah! j'ai bien mal à l'estomac!... J'y suis! j'ai cessé de dîner depuis hier au soir, à cinq heures, et il est plus qu'onze heures, plus qu'onze, ainsi jugez. (*Il regarde autour de lui.*) Ah! bien, tant pis. Voilà le buffet. Quand on prend du galon on n'en saurait trop prendre. C'est la même chose pour la correctionnelle. D'ailleurs, ça me rendra plus intéressant. (*Il ouvre le buffet. Il porte une table au milieu du théâtre et met le couvert.*) Ma foi, tant pis, si je dois coucher au violon, cette nuit, je ne veux pas, au moins, que mes boyaux y dansent la cachucha. — Voilà bien les fourchettes, les couteaux, le panier aux verres, où y a-t-il une serviette? L'on voit bien que je n'ai pas l'habitude du métier. Le pain... Je ne vois pas de pain... Est-ce que la petite aurait tout mangé? Après ça, s'il reste quatre ou cinq côtelettes ou du jambon. Pour une fois, par hasard, l'on peut bien manger à l'anglaise. — Ah ça! mais je ne vois rien... Ah! diable! — Ah! si fait. Je suis sauvé! Voilà quelque chose. (*Il tire du buffet un plat d'épinards.*) Des épinards! le balai de l'estomac pour un homme qui n'a rien dans le ventre. C'est une verte raillerie. (*Les goûtant.*) S'il y avait du sucre encore, la plaisanterie serait moins amère.

   Après tant d'infortune,
   Pour apaiser ma faim,
   Le sort, dans sa rancune,
   Me refuse du pain,
   Et le hasard sévère,
   Manquant pour moi d'égards,
   Achève ma misère }
   Par un plat d'épinards. } BIS.

Enfin il faut de la résignation. Autant manger cela que de l'herbe, comme feu Nabuchodonosor, c'est toujours moins humiliant. (*Il mange.*)

SCÈNE XVI.

BOURCICAULT, DETHIER.

DETHIER (*avec un parapluie sous le bras.*) — Il est onze heures et demie, Joséphine est couchée. C'est maintenant que je dois avoir un entretien secret avec Catherine. La petite me presse, me presse, mais je ne sais pas si je dois... Tiens, une chandelle, à cette heure, sur le buffet. Ceci n'est pas clair. (*Apercevant Bourcicault.*) Ah!

BOURCICAULT (*l'apercevant*). — Ah! pardon, Monsieur, de ne pas vous avoir aperçu. (*A part.*) Est-ce que ce serait le commissaire de police? Il n'a pas d'écharpe.

DETHIER (*de même*). — Est-ce que Joséphine aurait une intrigue à mon insu!

BOURCICAULT. — Serait-ce un Endymion sur le retour? (*Haut.*) Monsieur, vous demandez mademoiselle Joséphine?

DETHIER. — Oui ; je serais fort charmé de la voir, fort charmé de la voir, ma foi !

BOURCICAULT (*à part*). — C'est cela ; je ne m'étais pas trompé. (*Haut.*) Elle est sortie pour le moment.

DETHIER. — Comment, elle est sortie!

BOURCICAULT. — Elle reviendra peut-être dans quelques instants. Donnez-vous donc la peine de vous asseoir.

DETHIER. — Ah! (*Il s'assied stupéfait.*)

BOURCICAULT (*ôtant le couvert*). — Ne faites pas attention, je vous en prie. (*Il fredonne la romance du* Fou de Tolède, *puis il prend une chaise et se met à côté de Dethier.*) — Il fait un bien vilain temps aujourd'hui. (*Apercevant que Dethier tient son chapeau et son parapluie à la main.*) Oh! pardon, Monsieur, permettez-moi de vous débarrasser...

DETHIER (*à part*). — Ah! mon Dieu! serait-ce un voleur? (*Haut.*) Monsieur, je n'ai rien sur moi ; je n'ai rien, je vous assure. Ce serait inutile de me fouiller.

BOURCICAULT. — Oh! je vous crois, Monsieur. Lorsque l'on rentre tard et par un pareil temps, il est raisonnable de ne pas porter ce qu'on a de mieux. — Dites donc, vous êtes un heureux scélérat, gros père. (*Il lui frappe sur le ventre.*)

DETHIER. — Comment, il m'appelle scélérat?

BOURCICAULT. — Vous avez donc vos entrées secrètes, comme un marquis d'autrefois. Ah! que c'est régence, mon gros bonhomme! c'est bien régence, ce que vous faites là.

DETHIER. — Comment! régence ; mais il me semble que le roi vit encore (*il ôte son chapeau*), ce me semble!

BOURCICAULT (*à part*). — Quelle outarde bâtée que ce gros sexagénaire. Abandonnons le terrain de l'histoire. C'en est un mauvais pour les melons. (*Haut.*) Dites donc, vous ne vous attendiez pas à me trouver là, hein?

DETHIER (*stupéfait*). — Mais... non.

BOURCICAULT. — Ah ça, mais vous êtes sérieux comme un chat échaudé. Est-ce que vous seriez jaloux?

Dethier. — Jaloux!

Bourcicault (*sur sa chaise, les jambes étendues, les mains dans ses poches, et bâillant à moitié.*) Ah! c'est bien mauvais genre, allez.

Dethier. — Ah ça, Monsieur, pour qui me prenez-vous donc, à la fin?

Bourcicault. — Pour qui je le prends. Comme si ça devait se demander. Si vous aviez un habit vert, je vous dirais : Je ne vous prends pas, mais je vous laisse pour ma pastèque.

Dethier. — Pastèque! qu'est-ce qu'il dit là? (*A part.*) Il a peut-être la tête un peu dérangée. En s'y prenant par la douceur, on pourrait savoir... (*Haut.*) Monsieur, est-ce que vous comptez rester ici toute la nuit?

Bourcicault. — Ça vous contrarierait, hein?

Dethier. — Mais, j'avoue que... que...

Bourcicault. — Allons, soyez franc. Ça vous contrarie. Eh bien! il paraît qu'il n'en est pas de même pour une autre personne.

Dethier. — Comment cela?

Bourcicault. — Certainement; puisqu'elle m'a mis sous clef.

Dethier. — L'on vous a mis sous clef!

Bourcicault. — Regardez plutôt, la porte est fermée à double tour.

Dethier (*allant à la porte*). — C'est, ma foi, vrai. Voyons, Monsieur, parlons raisonnablement. Voulez-vous bien m'expliquer qu'est-ce que tout cela signifie?

Bourcicault (*à part*). — Il est vexé, le vieux. (*Haut.*) La morale de l'histoire : c'est qu'il est très désagréable de rencontrer un paletot au lieu d'un corset.

Dethier (*avec une dignité comique*). — Monsieur, je suis Dethier.

Bourcicault. — Monsieur, j'en suis enchanté.

Dethier. — Monsieur, qu'avez-vous fait de Joséphine?

Bourcicault (*à part*). — Son mari! Elle ne m'en avait rien dit. C'est plus drôle. (*Haut.*) Monsieur, je n'en ai rien fait. J'ignore complètement sa situation topographique.

Dethier. — Savez-vous bien, Monsieur, que c'est un *rat* dont vous vous rendez coupable?

Bourcicault. — J'ignore si j'ai fait un rat; mais, ce qu'il y a de sûr, c'est que vous faites un vieux matou.

Dethier. — Ah! Monsieur, c'est trop fort! ajouter l'*outrage* à l'*injure*! Savez-vous bien, Monsieur, que je suis l'oncle de ma nièce?

BOURCICAULT. — Ah! mais c'est l'usage assez ordinairement.

DETHIER. — Et que je puis vous faire arrêter comme suborneur d'une jeune fille de dix-sept ans!

BOURCICAULT. — Allons! je *ne l'échapperai* pas : le violon, décidément, doit me remiser.

SCÈNE XVII.

BOURCICAULT, DETHIER, JOSÉPHINE VALCOURT, CATHERINE, LÉONIE, LE PORTIER, LOCATAIRES.

CHOEUR.

Tous, excepté BOURCICAULT et DETHIER.
Ah! quelle horreur!
Ah! quelle horreur!
Voilà donc le coupable.
Ah! quelle horreur!
Ah! quelle horreur!
Voilà donc le voleur!

DETHIER.
Voyons, que signifie
Ce tapage, vous tous?
JOSÉPHINE.
D'une insigne folie,
Mon oncle, préservez-vous.

— *Reprise.* —

JOSÉPHINE VALCOURT. — Eh bien! mon oncle, où êtes-vous donc passé?

DETHIER (*embarrassé*). — Mais... par la porte de mon cabinet de toilette.

JOSÉPHINE VALCOURT. — C'est donc cela que personne ne vous a vu.

CATHERINE. — Et vous n'avez pas renvoyé cet être-là? (*montrant Bourcicault*).

DETHIER. — Dame, c'est très embarrassant; vous voulez que je le renvoie, et vous le mettez sous le verrou. Il faut s'entendre, il faut s'entendre.

LÉONIE. — Ah ça! vous ne savez donc rien de rien.

DETHIER (*à sa nièce*). — Pourquoi as-tu enfermé ce monsieur ici?

JOSÉPHINE VALCOURT. — Il ne voulait pas s'en aller.

DETHIER. — Il fallait aller chercher quatre hommes et plusieurs caporal de la septième. Je ne connais que ça.

JOSÉPHINE VALCOURT. — Mais c'est que monsieur est un jeune homme de ma connaissance, et j'ai pensé que votre présence suffirait...

DETHIER. — Comment! tu me transformes en sergent de ville! Est-ce que j'ai l'air de ça? Eh bien! puisqu'on m'y force, je me pose en juge d'instruction.

BOURCICAULT (*à part.*) En voilà un âne, qui veut jouer de la flûte.

DETHIER. — Portier, ma chaise. (*Il s'assied.*) Avancez la table. (*A sa nièce, Catherine et Léonie.*) Mesdemoiselles, vous êtes les témoins. (*Montrant la bassinoire, etc.*) Voilà les pièces de conviction. Voisins, vous formez un jury probe et libre. Portier, soyez notre secrétaire. — Accusé, vos nom, prénoms, et profession. (*Bourcicault ne répond pas.*) Secrétaire, mettez que l'accusé déclare ne rien répondre.

LE PORTIER. — Monsieur Dethier, je ne sais que faire ma croix.

DETHIER. — Écrivez toujours, je corrigerai le rapport. Procédons à la *reddition* des témoins. Joséphine, pourquoi as-tu enfermé monsieur?

JOSÉPHINE VALCOURT. — Mon oncle, il ne voulait pas s'en aller.

DETHIER (*à Léonie et à Catherine*). — Savez-vous, Mesdemoiselles, quel était le dessein du prévenu, en voulant rester dans cet immeuble?

CATHERINE. — Il m'a écrit une lettre indigne!

LÉONIE. — Et à moi aussi.

DETHIER. — Mettez que monsieur est *écrivomane* qui voulait changer ce local en échoppe d'écrivain public sans patente.

BOURCICAULT. — Quel savetier, mon Dieu! Je demande la parole. — (*Exclamation de l'auditoire.*) — Monsieur Dethier, je vous déclare incompétent pour me juger. Cette mission n'appartient qu'à mademoiselle Joséphine. J'ai eu l'honneur de la rencontrer, par hasard, pendant onze dimanches consécutifs au bal de Sceaux. J'avais cru avoir la permission de me présenter chez elle, dans le cas où mon étoile viendrait à m'indiquer sa demeure. Or, elle fait mieux aujourd'hui que de me l'indiquer, puisqu'elle m'a conduit ici, dans un moment où je m'étais fermé ma propre porte à moi-même.

DETHIER. — Mais il divague!

BOURCICAULT. — J'ignorais complètement que Mademoiselle fut en pouvoir d'oncle. (*Ici il salue Dethier qui se lève de sa chaise, pour lui rendre sa politesse.*) Sans cela, je n'aurais pas poussé la plaisanterie à un tel point de maturité. Malheureusement pour moi, j'ai indisposé deux charmantes personnes ici présentes, je ne sais comment, ce qui m'a empêché de recourir à leur hospitalité.

CATHERINE et LÉONIE. — Ah! l'horreur!

BOURCICAULT. — Qu'elles ne m'auraient pas offerte, mais que j'aurais acceptée.

DETHIER. — Monsieur, vous calomniez ces demoiselles, elles en sont incapables!

BOURCICAULT (*lui donnant une poignée de main*). — Monsieur, nous nous entendons parfaitement. (*Il tire son mouchoir de sa poche.*) Mais, puisque le malheur me poursuit d'une manière si désobligeante, je me résigne et je vous dis : Quel est celui d'entre vous qui posera la main sur l'omoplate de Bourcicault Zenon pour le conduire au violon national !

DETHIER. — Monsieur, je suis, on ne peut plus, touché de votre repentir ; en conséquence, je crois que l'intervention d'une autorité quelconque n'est pas nécessaire, et je vous dis : Allez, jeune infortuné, privé de votre asile légal, parcourir ces rues où se cache votre demeure dans une retraite ; descendez l'escalier de cette maison, image des inégalités de notre existence ici-bas, et surtout, ayez bien soin de fermer la porte, après avoir demandé le cordon.

CATHERINE (*bas à Bourcicault*). — Ainsi, voilà notre rendez-vous manqué encore une fois.

DETHIER (*de même*). — Rassure-toi, ma biche, dans un petit quart d'heure.

LÉONIE. — Qu'est ce que cela veut dire ? Je veillerai sur eux !

BOURCICAULT. — Ceci est bon à savoir. — Ah !

TOUS. — Quoi donc ?

BOURCICAULT. — C'est une idée qui me vient. (*A part.*) Je ne suis pas encore perdu.

CHOEUR.

Air : *Bourgeois de Paris.*

Allons, mes amis,
Rentrons au logis ;
Que chacun sommeille tranquille.
Tout dort dans la ville,
Pas le moindre bruit ;
Adieu, bon soir et bonne nuit.

BOURCICAULT *seul.*
Vieux Dethier, qui ne veut pas dormir.
Dans cette nuit tu veux compter fleurette ;
A t'interrompre moi gaîment je m'apprête,
Dans les projets où tu veux réussir.

— *Reprise.* —

SCÈNE XVIII.

JOSÉPHINE VALCOURT, DETHIER.

DETHIER. — Allons, il faut nous retirer, ma petite Fifine, il se fait tard.

JOSÉPHINE VALCOURT (*soupirant*). — Oui, mon oncle.

DETHIER. — Est-ce que ce vagabond avait eu déjà l'audace de te parler.

JOSÉPHINE VALCOURT (*soupirant encore*). — Oui, mon oncle.

Dethier. — Enfin, c'est un petit malheur, heureusement qu'il ne reviendra plus.

Joséphine Valcourt. — Oui, mon oncle.

Dethier. — Allons, bon soir, petite.

SCÈNE XIX.

DETHIER seul.

Enfin, me voilà seul! dans l'attente d'un séduisant rendez-vous, après avoir fasciné l'objet de mes soins, par cette éloquence qui me caractérise, et sans laquelle je ne dis jamais rien. (*Soupirant.*) Le cœur me bat! Ah! oui; il me bat. Pourvu qu'elle ne vienne pas trop tôt. (*Il s'approche de la chambre de Joséphine.*) Je n'entends plus rien. Dans une minute elle sera endormie. Pourvu qu'elle n'arrive pas trop tard; car le bonheur pourrait m'endormir aussi. C'est une chose si étourdissante pour moi. (*Souriant.*) Hein! quelle position! Si mes *collègues* du bureau pouvaient le savoir, pas par moi, par moi. Eh bien! non; ils ne le sauront pas, ou s'ils l'apprennent, ils ne le croiront point. Ce que c'est, pourtant : « Le vrai peut quelquefois n'être pas vraisemblable. » De qui est-ce, ce que je viens de dire là ? Il me semble que je viens d'entendre quelque chose. (*On entend des chats miauler.*) Ah!... ceci est d'un heureux augure. (*On entend frapper doucement.*) Ah! c'est elle!

SCÈNE XX.

DETHIER, CATHERINE.

Dethier (*ouvre la porte*). — Ah! vous voilà, bichette. Que vous êtes bonne, mon Dieu! que vous êtes biche.

Catherine. — A bas les pattes et causons. Si je suis venue ici, c'est parce que...

Dethier (*d'un ton patelin*). — Parce que...

Catherine. — Vous ne comprenez pas...

Dethier. — Non; mais je devine.

Catherine. — Vous vous trompez, gros fat.

Dethier. — Ah! j'adore ce mot.

Catherine. — Depuis tantôt trois mois, vous lambinez, vous lambinez, à faire croire que vous vous moquez de moi.

Dethier. — Ah! par exemple!

Catherine. — Eh bien! répondez *goriquement* à ma question.

Dethier. — Hein?

Catherine. — Je vous dis : Répondez *goriquement*. Êtes-vous dans l'intention de donner une successeuse à madame Dethier?

Dethier. — Je le jure.

Catherine. — Sur votre front?

Dethier. — Sur mon front.

Catherine. — Et que cette successeuse ce sera moi?

Dethier. — Je le jure.

Catherine. — Alors, c'est bien. Cela suffit. Demain, j'annoncerai à Joséphine que je serai bientôt sa tante.

Dethier. — Oh! non, pas encore. (*A part.*) Comme elle y va.

Catherine (*se croisant les bras*). — Qu'est-ce à dire, Monsieur; croyez-vous donc que je serai votre dupe?

Dethier. — Chut! chut! pas si haut, Joséphine pourrait nous entendre.

Catherine. — Mais qui vous retient?

Dethier. — Des affaires de famille... embrouillées.

Léonie. — Ceci est une couleur. Vous voulez m'entortiller.

Dethier (*avec une galanterie ridicule et lui prenant la taille.*). — Oh! que nenni, oh! que nenni.

Catherine (*se dégageant*). — Silence! quelqu'un... (*On frappe.*)

Dethier. — Bah! qu'on frappe tant qu'on voudra. Je n'ouvre pas.

Catherine. — Mais il faut ouvrir, sans cela Joséphine va se réveiller. Mais où aller?

Dethier (*montrant la porte à droite*). — Là, dans ma chambre; vite!

SCÈNE XXI.

DETHIER, LÉONIE.

Léonie (*en entrant*). — Il y avait une femme ici. Je l'ai entendue.

Dethier. — Mais, non! c'est Joséphine qui me disait bonsoir.

Léonie (*s'avançant vers la chambre de Joséphine*). — Eh bien, je vais voir.

Dethier. — Voulez-vous faire un éclat? Si elle vous voit ici à cette heure, que pensera-t-elle?

Léonie. — Cela m'est égal, gueux d'homme que vous êtes. Vous avez abusé de mon innocence de jeune fille, pour me faire croire un tas de fariboles. (*Se mettant à pleurer.*) Ma tante Vanini me l'avait bien dit. Et c'est une Catherine qui en est la cause ! une femme que j'appelais mon amie et qui vient m'enlever mon petit Dethier. Où est-elle, que je lui arrache les yeux !

Dethier (*tremblant*). — Ma douce Léonie, modérez-vous, je vous en prie.

Léonie. — Et si je ne veux pas me modérer, moi. Croyez-vous que l'amour puisse s'ôter du cœur, comme un bonnet sale de la tête !

Dethier. — Ah ! pauvre petite ! Quel scélérat je fais, mon Dieu ! Dirait-on cela, à mon âge. Causer le désespoir d'une fleuriste et d'une lingère ! Il faut que je n'aie pas de cœur dans les entrailles.

Léonie. — Mais cela finira mal, allez. Heureusement que l'arsenic n'a pas été inventé pour les hirondelles.

Dethier. — Comment ! elle veut s'empoisonner !

Léonie. — Et je trouverai bien le moyen de vous faire repentir de vos orgies !

Dethier. — Elle me menace ! bon Dieu ! je suis perdu ! Cet appartement va devenir un affreux Glandier. (*On frappe à la porte.*)

Léonie. — Quelqu'un ! mais je suis déshonorée ! Mon petit Dethier, mettez-moi quelque part, je vous prie.

Dethier. — Mais je n'en sais rien. (*On frappe encore.*)

Ln : (*montrant la chambre à droite*). — Ah ! dans cette chambre.

Dethier. — Non pas !

Léonie (*montrant la chambre à gauche*). — Eh bien ! celle-ci.

Dethier. — Non pas ! c'est celle de Joséphine. (*On frappe une troisième fois.*)

Léonie. — Ah ! derrière ce paravent !

SCÈNE XXII.

Les Précédents, BOURCICAULT.

Dethier. — Comment ! c'est encore vous ?

Bourcicault. — C'est toujours moi.

Dethier. — Et pourquoi êtes-vous revenu ?

Bourcicault. — Pour chercher mon parapluie. Il fait un temps affreux, et c'est le seul abri qui me reste pour le moment.

Dethier. — Comment le portier vous a-t-il laissé entrer?

Bourcicault. — Parce qu'il m'a pris pour un locataire anglais. Il m'a crié de sa soupente : Est-ce vous M. Matthews? Je lui ai répondu : Oui, et puis " Yes." Alors il a ajouté : Je croyais que c'était encore cet original. — Quel original? ai-je répondu. — Ah! c'est une drôle d'histoire, allez. — Racontez-moi donc ça. — J'ai trop envie de dormir ; je vous le dirai demain. Bonsoir, M. Markwell. — Bonne nuit. Et me voilà.

Dethier (*lui donnant son parapluie*). — Eh bien ! maintenant vous allez vous en aller.

Bourcicault (*qui va à Catherine*). — Non... non... non...

Dethier. — Ah ça! est-ce que vous allez recommencer votre mauvaise plaisanterie ?

Bourcicault. — Parlez de vous, mon cher, avec votre jugement de tantôt. Ce n'était pas celui de Salomon, quoiqu'il y eût là deux femmes qui auraient pu me réclamer. Mais je me suis dit : Puisque ce cher M. Dethier (pardon de la familiarité grande) donne asile à deux charmantes sirènes : l'une derrière un paravent, comme une jeune indigène du fleuve Jaune ; l'autre dans sa chambre à coucher, par privilége et préférence ; j'ai pensé qu'il ne me refuserait pas une place sous son toit, dans sa verve d'hospitalité, et je suis revenu.

Dethier (*bas à Bourcicault*). — Vous abusez de ma position, Monsieur. Si c'est le manque d'argent qui vous force à recourir à cet expédient, je consens à faire un sacrifice...

Bourcicault. — Ah! enfin! me voilà sûr de passer la nuit à l'abri des étoiles!

Dethier (*après avoir fouillé dans sa poche*). — Tenez, Monsieur ; prenez.

Bourcicault (*regardant*). — Une pièce de dix sous! Qu'est-ce que cela signifie ?

Dethier. — Allez, Monsieur, allez. Il y a des hôtels dans le quartier où l'on peut passer la nuit à moins.

Bourcicault (*furieux*). Est-ce que vous avez l'intention de m'insulter? (*Il prend Dethier au collet.*)

Dethier. — Au meurtre! à l'assassin! Le scélérat! il m'étrangle.

SCÈNE XXIII.

BOURCICAULT, DETHIER, JOSÉPHINE VALCOURT, CATHERINE, LÉONIE.

(Catherine et Léonie dégagent Dethier des mains de Bourcicault. Joséphine en camisole et un bougeoir à la main.)

JOSÉPHINE. — Allons donc,
Voyons donc,
Quel est donc ce nouveau tapage?
Allons donc,
Voyons donc,
Qui vient troubler notre maison?

DETHIER. — C'est Monsieur qui, plein de rage,
Revient ici pour m'étrangler.

BOURCICAULT. — Et ces dames, ah! que j'enrage!
Sont venues pour m'en empêcher.

JOSÉPHINE. — *Reprise.* —

BOURCICAULT. — Après cela, mademoiselle Joséphine, ceci est très simple à expliquer.

DETHIER. — Chut!
CATHERINE. — Silence! } (*Bas à Bourcicault.*)
LÉONIE. — Ne parlez pas!

BOURCICAULT. — On me recommande de me taire. Je suis maître de la situation.

JOSÉPHINE VALCOURT. — Mais comment se fait-il que ces demoiselles soient ici?

BOURCICAULT. — Ah! voilà. C'est qu'elles sont venues intercéder M. Dethier en ma faveur.

CATHERINE et LÉONIE (*toutes les deux*). — Oui, c'est cela.

JOSÉPHINE VALCOURT. — Pour passer la nuit ici?

DETHIER. — Oui, ma nièce; nous lui donnerons un matelas, (*à part*) puisqu'il n'y a pas moyen de faire autrement.

JOSÉPHINE VALCOURT. — Mais alors, pourquoi vous prenez-vous au collet?

BOURCICAULT. — C'est juste! pourquoi nous nous prenons au collet? Ah! voilà, Mademoiselle, dans la colère je l'avais oublié. Je racontais mon histoire à votre oncle; il s'est moqué de moi, ça m'a vexé; alors je lui ai donné un tour de clef. (*A Joséphine.*) Comme vous à moi, mais pas de la même manière.

DETHIER. — Ah ça! mais dites-moi donc — votre histoire, est-ce que...

BOURCICAULT.—Comment, vous ne vous rappelez pas ce que je vous ai dit tout à l'heure ? (*A part.*) Vous comprenez, n'est-ce pas ?

DETHIER (*de même*). — C'est selon. (*Bourcicault lui parle bas à l'oreille, sans être entendu.*) Comment, c'est possible, vous n'avez jamais pu le retrouver. (*Il rit.*)

BOURCICAULT. — C'est comme je vous le dis.

CATHERINE et LÉONIE. — Qu'est-ce que c'est donc ?

BOURCICAULT. — Écoutez, mais ne le dites à personne. (*Il leur parle bas.*)

JOSÉPHINE VALCOURT (*à son oncle*). — Oh ! mon petit oncle, qu'est-ce que c'est donc ? (*Bourcicault lui parle bas.*) Comment ! c'était donc pour ça ? (*Ils se regardent et se mettent tous à rire.*)

BOURCICAULT. — Enfin, puisque le secret est connu, je vous demanderai une robe-de-chambre ou une couverture de laine. (*Il ôte son habit et fait tomber une lettre de sa poche.*)

DETHIER. — Vous faites tomber quelque chose.

BOURCICAULT.—Ah tiens ! c'est vrai :—c'est une lettre de Lyon, ma ville natale ; ça doit être de ma vieille parente qui me fait de la morale : c'est pour ça que je ne me suis pas pressé de la lire. — Qu'est-ce qu'elle me dit ? (*Il lit, puis il se met à sauter.*)

TOUT LE MONDE. — Eh bien, qu'est-ce qui lui prend donc maintenant ?

BOURCICAULT. — Ma vieille cousine Chatfield est morte ! et j'hérite de 30,000 fr. (*Il va chercher son chapeau.*)

DETHIER (*avec politesse*). — Comment, Monsieur, à cette heure avancée de la nuit, vous allez courir tout le quartier, pour trouver un hôtel ? Restez de grâce, je vous en prie, et je partagerai avec vous la moitié de ma couche, si cela peut vous être agréable.

BOURCICAULT. — J'accepte avec plaisir. (*A part.*) Vieux cuistre. (*Haut.*) Mais, j'ai une prière à vous adresser.

DETHIER. — Laquelle, Monsieur ?

BOURCICAULT. (*Il tire de sa poche une paire de gants de filoselle blancs, puis les met*). Monsieur Dethier, j'ai l'honneur de vous demander la main de mademoiselle Joséphine.

JOSÉPHINE VALCOURT. — Je n'y consentirai jamais !

CATHERINE et LÉONIE. — Ni moi non plus.

BOURCICAULT. —Mesdemoiselles, vous n'êtes pas en reste avec moi ; vous n'avez pas le droit de faire opposition. (*Il se penche à l'oreille de Dethier.*)

Dethier. — Ah! vous me trompiez ainsi, Mesdemoiselles? C'est fort heureux pour moi que Monsieur ait égaré son domicile, sans cela j'aurais été perdu sans retour. Je consens à tout.

Bourcicault (à Joséphine). — Mais votre réponse, Mademoiselle?

Joséphine Valcourt. — Savez-vous, Monsieur, que ce que vous avez fait est très mal : rester chez moi, malgré ce que j'ai pu faire; changer quatre fois de domicile par an, pour éviter de monter sa garde (Montrant Catherine et Léonie); voltiger de belle en belle! tout cela est très alarmant dans un futur mari.

Bourcicault. — Rassurez-vous, Mademoiselle, demain j'achète un uniforme, et je passe un bail de trois, six, neuf avec mon propriétaire.

Dethier. — Comment cela, puisque vous avez perdu votre logement?

Bourcicault. — Je le ferai mettre dans les *Petites Affiches*.

Air : *Entendez-vous, c'est le tambour ?*

Bourcicault.	Les Autres.
Quand cette nuit	Dans cette nuit
Douce et sans bruit,	Douce et sans bruit,
Dans cet asile,	Dans cet asile
J'aurai dormi tranquille;	Il dormira tranquille;
Alors demain,	Et puis demain
De grand matin,	De grand matin,
De mon domicile	De son domicile
Je prendrai le chemin.	Il prendra le chemin.

Bourcicault au public.

Air : *Depuis qu'existe le monde.*

Ayant perdu mon domicile
Naguère le violon m'attendait;
A la fin j'y trouve un asile.
L'on m'accueille comme à souhait. } BIS.

Dans son lit il m'offre une place
Où je pourrai me reposer;
Messieurs, ne veuillez pas, de grâce,
Loin d'ici m'envoyer coucher. } BIS.

— *Reprise.* —

FIN.

Imprimerie Maulde et Renou, rue Bailleul, 9.

IMPRIMERIE
MAULDE ET RENOU,
rue Bailleul, 9 et 11.